My First Encyclopedia

我的第一套视觉百科

我的第一套视觉百科

到海底去旅行

张功学◎主编

陕西新华出版传媒集团
未 来 出 版 社

前言

广袤而神秘的海洋藏着无尽的奥秘，那隐藏在冰冷海水之下的海底，又是一副怎样的面貌呢？

海洋是地球上最辽阔的水域，海水的深度远远超出我们的想象，探索海洋的奥秘并不容易。凭借现有的科技，人类对海洋的了解在一步步扩大、加深。热爱大自然、喜欢学习的你想必已经通过各种途径对海洋有了自己的认识，海洋并不总是风平浪静，海底也并非一片漆黑死寂，那里有平原和海沟，生活着不计其数、丰富多彩的海洋生命。海底五光十色、多彩缤纷，同时又清冷黑暗、险境重重。让我们一起开启这趟海底之旅吧！

目录

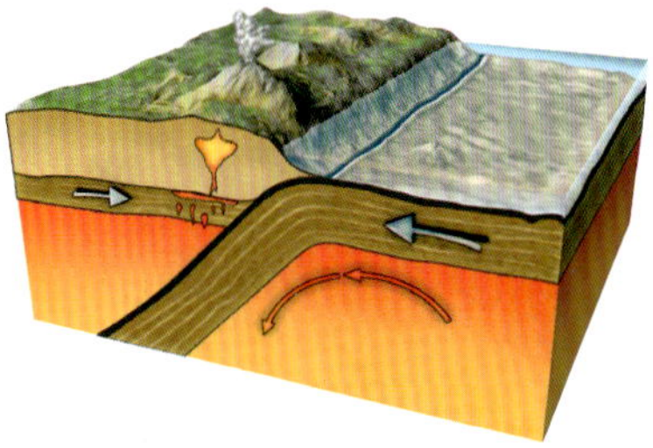

什么是海洋

众所周知，生命起源于海洋，但是你知道吗，我们平时所讲的海和洋是两个不同的概念。海洋只是人们对地球上面积广阔、又相互连通的咸水水域的统一叫法。海和洋两者之间既相互联系，又有所区别。

海与洋的关系

海是大洋靠近陆地的那部分水域，洋是海洋的主体。全世界的海洋被陆地和岛屿分隔的同时，又是一个相通的整体。

海底不同

海和洋都被海水覆盖，但海底和洋底却不一样。海的底部是大陆的一部分，属于大陆地壳；大洋的洋底则在大洋地壳上。在一定条件下，海甚至可以变成洋。

地壳：一般指地球表层的岩石圈，有大陆地壳和大洋地壳两种类型。

板块：板块构造学说认为，地壳不是一个整体，而是分成了不同板块。板块间的相互作用是地震、火山爆发等地质活动发生的主要原因。

▶ 大洋的边缘部分是海

水半球和陆半球

水半球和陆半球是相对而言的。水半球中的海洋面积占比是地球上所有占比中最高的，而陆半球则是指陆地最多、海洋最少的半球，但是它的海洋面积仍高于陆地面积。其实地球上任何的半球中海洋面积都高于陆地面积。

海洋

▲ 水半球中海洋分布最集中

陆地

▲ 陆半球中陆地分布最集中

海　水

一提到海水，人们总会想到蓝色、又苦又咸，其实海水还富含矿物质。它是陆地上淡水的来源和气候的调节器。

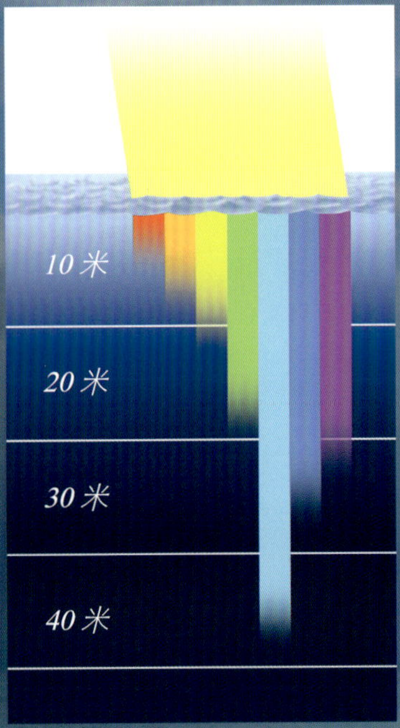

▲ 海水吸收自然光示意图

又苦又咸的海水

海水中溶解有大量的盐类物质，其中一部分与我们吃的食用盐成分一样，所以有咸味。但还有一部分的盐类味道苦涩，所以海水也很苦。

▲ 海水不能直接喝，但经过淡化处理后的海水可以当作饮用水

海水的颜色

海洋到处都是水，而自然光里的蓝光和绿光在水中的穿透力最强，散射的机会也最大。因此，海水看上去呈蓝色或绿色。

▲ 海边的沙滩

▲ 浅海珊瑚礁中的游鱼

海水的温度

太阳投射到地球上的能量，大部分都被海洋吸收并储存起来，因此海水并不是冰冷的。在海洋中，越往深处，水温也就越低。

海平面

全世界的海洋是相通的，全球海水也因此几乎处在一个水平高度上，形成了海平面。海平面其实并不平坦，即使风平浪静时也是坑坑洼洼的，甚至还有水谷、水山和旋涡。

盐从哪里来

许多地质学家相信，海水中大部分的盐分是由地球内部的火山喷发得来的，也有人认为是由陆地上的江河通过水流带来的。

海水的盐度

海水的盐度能反应某个区域内海水咸的程度。一般来说，越靠近陆地的海域，海水盐度会越小，这是因为靠近陆地的海域有河水等淡水汇入。

四大洋

世界四大洋分别为太平洋、大西洋、印度洋和北冰洋，它们之间有各种水道相通。其中太平洋所占的面积最大，几乎是世界海洋面积的一半，而其他三大洋合起来又占一半。

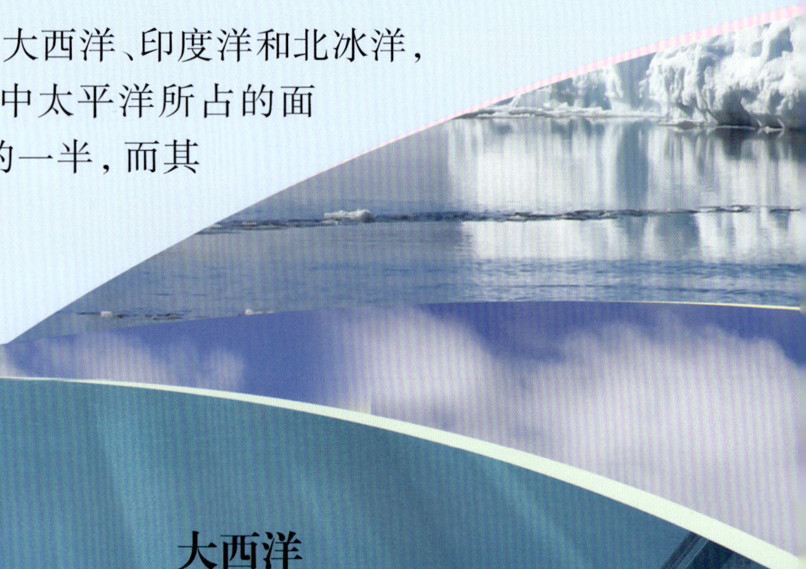

大西洋

大西洋位于欧洲、非洲、美洲和南极洲之间，为世界第二大洋。大西洋在人类的航海史上扮演了重要角色，也是传说中的大西洲沉没的地方。

▶ 大西洲沉没海底想象图

太平洋

太平洋在亚洲、大洋洲、南极洲和美洲之间，是世界上最大的洋。太平洋并不太平，除了频繁的地震和火山活动，这里还常有台风和海啸出现。

▼ 太平洋海域

北冰洋

北冰洋位于地球的最北端，被亚洲大陆和北美大陆环抱，有狭窄的白令海峡与太平洋相通。它是世界上最小、最冷、最浅的大洋。

印度洋

印度洋位于亚洲、非洲、大洋洲和南极洲之间，是世界第三大洋。印度洋上有很多重要的岛屿、海峡和海湾，盛产石油的波斯湾就在印度洋上。

岛屿：海洋上露出水面、大小不一的陆地。按组成分为群岛和半岛；按成因分为火山岛和珊瑚岛。

海峡：海峡是指两块陆地之间连接两个海或洋的较狭窄的水道，往往是水上重要的交通咽喉。

海湾：海湾是指海洋延伸至大陆，越靠近陆地越浅的水域。它们有的被大陆三面环抱，有的夹在大陆和岛屿之间，是人类在海上活动的重要基地。

▶ 波斯湾的石油钻井平台

海

世界上的每一片海都有自己的特点，比如珊瑚海就以美丽多姿的珊瑚礁而闻名；地中海以沿岸美景、多彩的人文景观为世人所知。你知道吗？这些各具风采的海都是大洋的一部分。

▲ 地中海地区盛产油橄榄

地中海

地中海处于亚、非、欧三大洲之间，有水道与大西洋、印度洋相通。地中海的历史比大西洋还久远，这里还是欧洲文明的发祥地。

珊瑚海

珊瑚海位于澳大利亚太平洋沿岸，有全世界最大的珊瑚礁体大堡礁。清澈见底的海水和五光十色的珊瑚礁让珊瑚海成为最负盛名的海底天堂。

◀ 珊瑚礁就像海洋中的森林

▲ 大堡礁

▲ 西印度群岛

▲ 加勒比海曾是海盗的天堂

加勒比海

加勒比海是大西洋西部南北美洲之间的一片海，也是世界上最深的陆间海之一，著名的岛屿有西印度群岛、古巴岛、波多黎各岛等。

阿拉伯海

阿拉伯海位于印度洋西北部，阿拉伯半岛、印度半岛和非洲东北部之间，是连接印度洋、波斯湾、地中海和大西洋的航运水道。

▶ 阿拉伯海

海的类型
内陆海：深入大陆内部的海，仅有狭窄水道与大洋相通，面积小、海水浅，海流、气象等容易受大陆影响，如渤海、波罗的海。
陆间海：位于几个大陆之间的海，面积和深度比较大，有海峡与相邻的海或大洋相通，如地中海、加勒比海。
边缘海：位于大陆边缘，一侧以大陆为界，一侧以半岛、岛屿或群岛与大洋分隔，如黄海、东海、鄂霍次克海。

海底地貌

如果把海水抽干，你会看到一个什么样的海底？是一马平川的平原还是和陆地一样，高山峡谷、台地深沟纵横遍布，其实海底就像另一片大陆，地貌地形和陆地大同小异。

海底什么样

大陆和海底是完全独立、界限分明的吗？当然不是。事实上，大陆和海底就像两层缓慢过渡的台阶，由大陆边缘、大洋盆地和洋中脊组成。

海台

海台就是海底高原，是与大陆架、大陆坡隔离，耸立在大洋中央的高地。海台两侧陡峭，顶部宽阔而平坦，一般高出海底1000米以上。

大陆边缘

大陆边缘是大陆与洋底之间的过渡地带，大陆架、大陆坡、大陆隆以及海沟、岛弧等大都集中在这里。

大洋盆地

大洋盆地也叫洋盆，是位于洋中脊和大陆边缘之间的海底。洋盆地势比较低，但一点也不平坦，而是遍布“平原”“丘陵”“山脉”等。

岛弧

岛弧是大陆边缘呈弧状的成串岛屿，这些岛屿以山地为主，临海一侧的海底常常有深海沟。岛弧通常位于地壳板块相接处，地壳运动活跃，地震和火山活动频繁。

洋中脊

洋中脊又叫中央海岭，是指大体沿大洋中线分布、贯穿四大洋的一系列海底山脉，也是世界上规模最大的环球山系。

大陆边缘组成类型
大陆架——大陆坡——海沟组合
大陆架——边缘海——岛弧和海沟组合
大陆架——大陆坡——大陆隆组合

大陆架

海岸线就是大陆与海洋的分界线吗？不是。实际上，在海面以下，大陆仍以极缓的坡度延伸至大约 200 米深的海底，这部分陆地就是大陆架，又叫大陆浅滩或大陆棚。

大陆架的成因

大陆架是陆地的一部分，因为被海水淹没，才形成了浅海的环境。这里地势平缓，但也有小的“丘陵”“盆地”和“沟谷”。

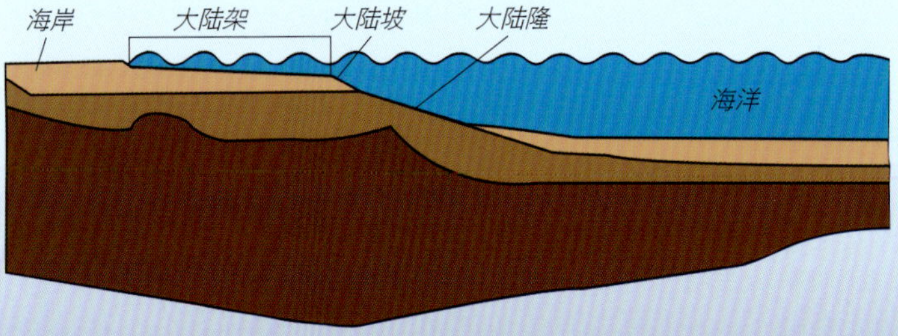

▲ 大陆架示意图

丰富资源

大陆架是海洋生物的乐园，也是人类渔业活动、进行海洋旅游开发的主要区域，同时还蕴藏着丰富的石油、天然气和其他矿产资源。

◀ 海洋石油资源的开采

水深界限

大陆坡：水深 100~3500 米，世界各地海域大陆坡坡度不等。

大陆隆：水深 2000~5000 米，上半部紧靠大陆坡，下半部覆盖在大洋盆地之上。

▲ 大陆坡整体平缓，但仍比大陆架陡峭，崎岖不平的大陆坡表面分布着海底峡谷和深海平台

大陆坡

大陆坡是大陆架与海底之间过渡的斜坡。大陆坡上接大陆架外缘，下接真正的海底，它的底部才是大陆与海洋的真正分界线。

大陆隆

大陆隆又叫大陆裙，是大陆坡接近大洋盆地、坡度较缓的那部分海底，由来自陆地的沉积物堆积形成。大陆隆之外就是深海海底。

大陆隆沉积物

全球大陆隆的面积相当于整个非洲大陆，这里的沉积物非常厚，可能有巨大的油气储量。有说法认为，大陆隆将来会成为人类开采油气的重要基地。

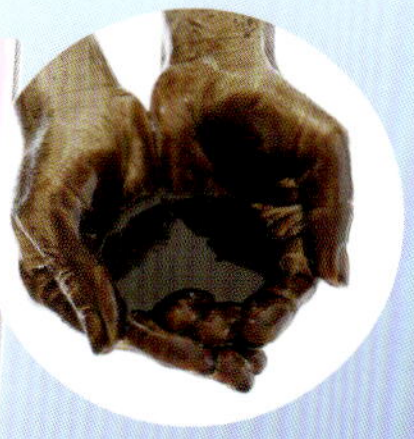

▲ 石油

大陆隆上有很厚的沉积物，这些沉积物并不是没用的“垃圾”，它们被推测可为我们提供丰富的石油能源

洋中脊

陆地有山脉，海底也有，而且规模更大、更宏伟，在大洋底部就有这样一条跨越全球海洋的庞大山脉，这就是洋中脊。洋中脊就像海洋的脊梁贯穿着四大洋，它也是全世界最大的山脉。

中央海岭

海底山脉也叫海岭、海脊，洋中脊大体沿各大洋中轴线分布，所以也叫中央海岭。四大洋都有自己的中脊，连起来就成了洋中脊。

大西洋中脊

洋中脊从北冰洋开始，在冰岛附近延伸入大西洋中，人们把这一段称为大西洋中脊。大西洋中脊是最早发现的洋中脊，与大西洋东西两岸平行，以S形向南北延伸。

洋中脊岛屿：洋中脊并不是完全淹没在水下，那些露出海面的洋中脊常常会形成岛屿

冰岛，北大西洋上的岛国，首都雷克雅未克。

亚速尔群岛，位于北大西洋上，由9个火山岛组成。

加拉帕戈斯群岛，太平洋群岛，又叫科隆群岛。

复活节岛，太平洋小岛，以奇特的巨石雕像闻名于世。

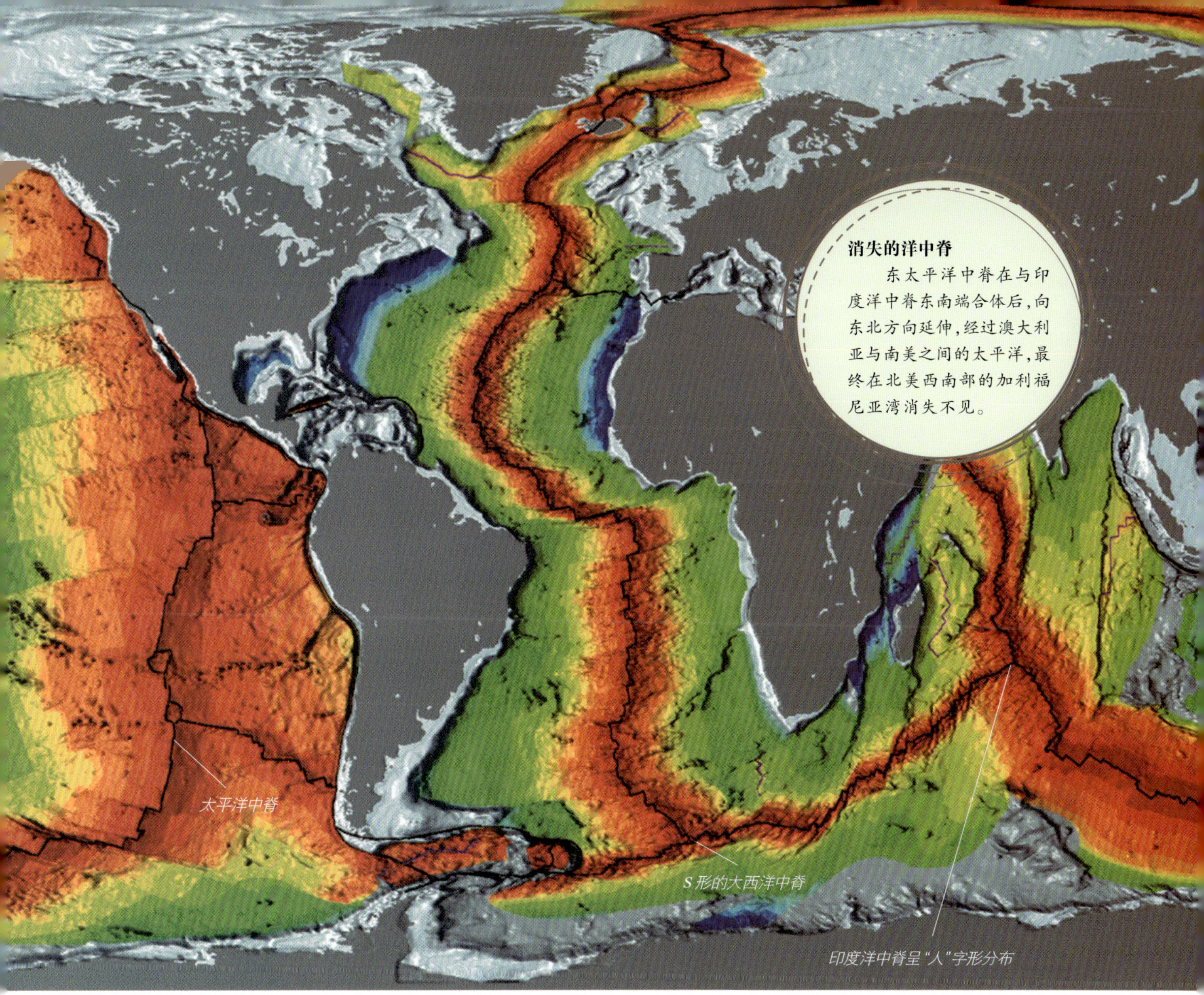

消失的洋中脊

东太平洋中脊在与印度洋中脊东南端合体后，向东北方向延伸，经过澳大利亚与南美之间的太平洋，最终在北美西南部的加利福尼亚湾消失不见。

印度洋中脊

在印度洋中央，洋中脊往西南、东南和正北方分成三支，呈“人”字形横卧海底，它的西南端在非洲大陆南侧与大西洋洋脊相连。

太平洋中脊

在新西兰和南极洲附近，印度洋中脊的东南端与太平洋中脊合体。因为靠近太平洋东海岸，而且两侧坡度平缓，所以太平洋中脊也被称为东太平洋海隆。

▲ 洋中脊顶部的地壳热量相当大，是地热的排泄口，并有火山活动，地震活动也很活跃

海 沟

世界上最深的地方不在陆地，而在海里，海里最深的地方又在哪里？答案是海沟。海沟由地壳板块碰撞形成，是名副其实的海底深渊，藏着地球最深处的很多秘密。

集中在太平洋

世界上最重要的海沟几乎都集中在太平洋，海沟附近还常有成片的岛弧。岛弧上的山峰越高，临近的海沟往往也越深。

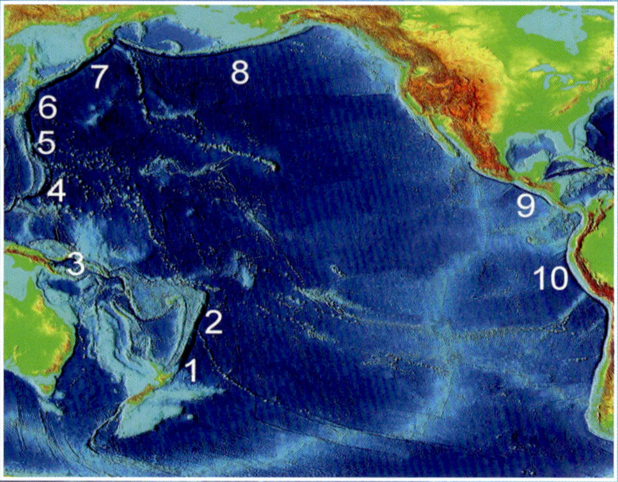

▲ 太平洋的主要海沟：1.克马德克海沟；2.汤加海沟；3.布干维尔海沟；4.马里亚纳海沟；5.伊豆—小笠原海沟；6.日本海沟；7.千岛—堪察加海沟；8.阿留申海沟；9.中美海沟；10.秘鲁—智利海沟

与地震相关

环太平洋地震带是世界上地震最多的地区，而这些地震带往往都位于海沟附近。科学家们认为，这里发生的所有地震都与海沟的变化有着密切的关系。

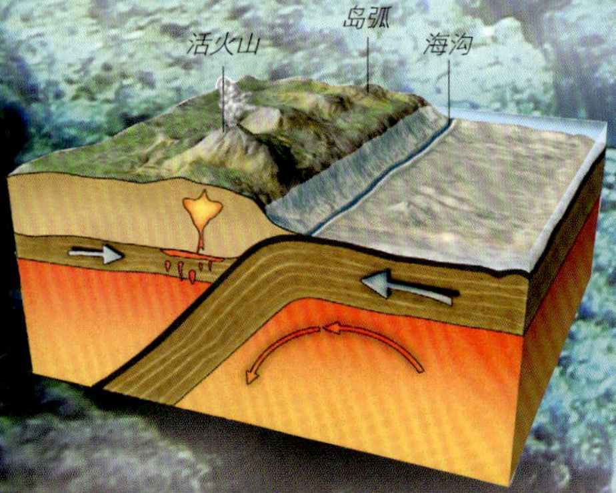

▲ 岛弧和海沟的平行并存，是大洋板块和大陆板块相互碰撞时，大洋板块俯冲并插入大陆板块之下的结果

海沟的形状

海沟两边的斜坡是不对称的“V”字形，上部稍稍平缓，但越往下越陡，斜坡上常常还有“峡谷”“台阶”“堤坝”和“洼地”。

马里亚纳海沟

太平洋马里亚纳海沟是世界上最深的海沟，它有多深呢？就算你把陆地上最高的珠穆朗玛峰整个放进去都不会看到峰顶。

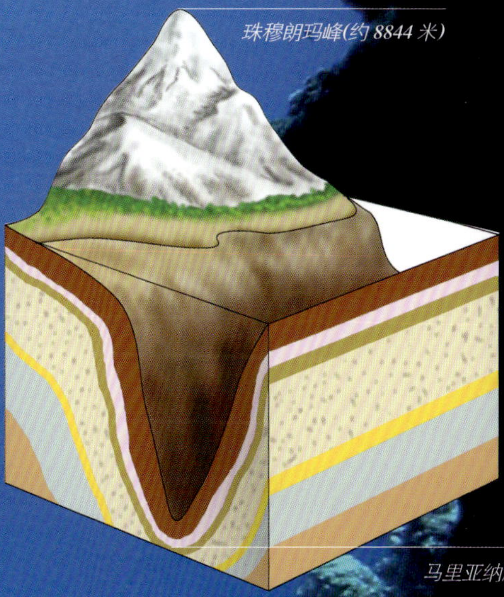

海沟深处

在海洋中，水越深压力会越大，光线会越暗，温度也会越低。到了海沟这样动辄好几千米的深海中，就真的是又黑又冷，压力巨大。

不平静的深渊

在数千甚至上万米深的海沟里，依然有海洋生命存在。但越往深处动物越稀少，为了适应深海环境，这些深海动物进化成各种奇形怪状甚至恐怖的模样。

▼ 深海动物

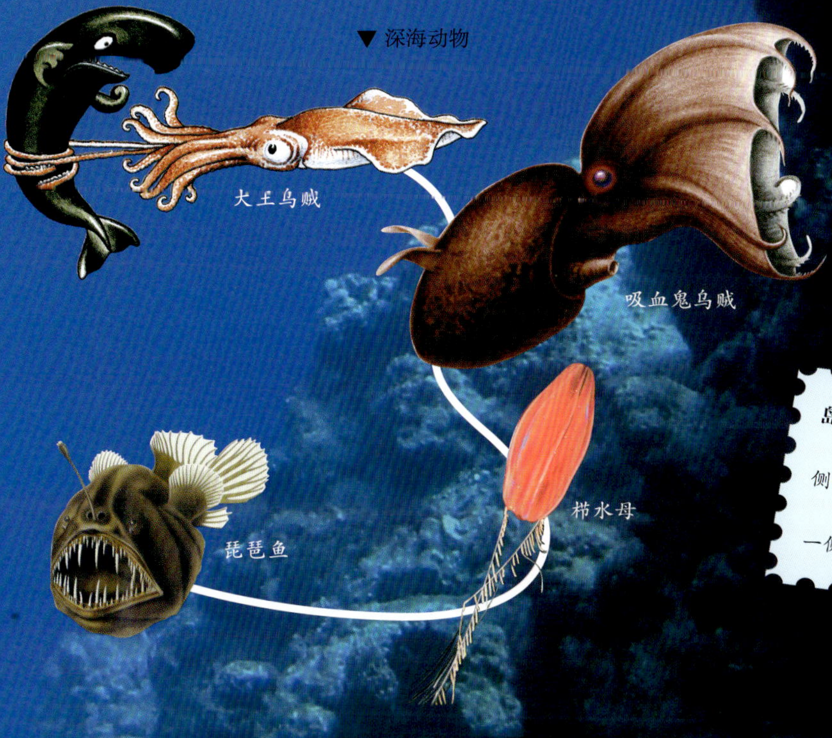

岛弧的分类

内岛弧：内岛弧靠陆地一侧，火山和地震集中于此。

外岛弧：外岛弧则靠近大洋一侧，无火山地震带。

海底峡谷

陆地上的峡谷多在大山中，海底峡谷则位于大陆坡上，是海底裂缝被海水不断冲击、切割形成的。这些峡谷分支众多，和陆地峡谷相似，有的甚至就是陆地峡谷的延伸。

"V"字形峡谷

由于形成原因相似，海底峡谷和陆地峡谷一样呈"V"字形，两侧的谷壁也非常陡峭，上面还有大量的沉积物覆盖。

谷底有高低

有的陆地峡谷谷底几乎一马平川，但海底峡谷的谷底不一样。由于海底峡谷两头分别靠近陆地和洋底，有高度差，所以靠近陆地那头谷底坡度大，靠近洋底这头谷底坡度小。

头尾水深不一样

海底峡谷常常一头伸向陆地甚至海岸线，另一头则延伸至海底。所以靠近陆地这头的水比较浅，而另一头的水比较深。

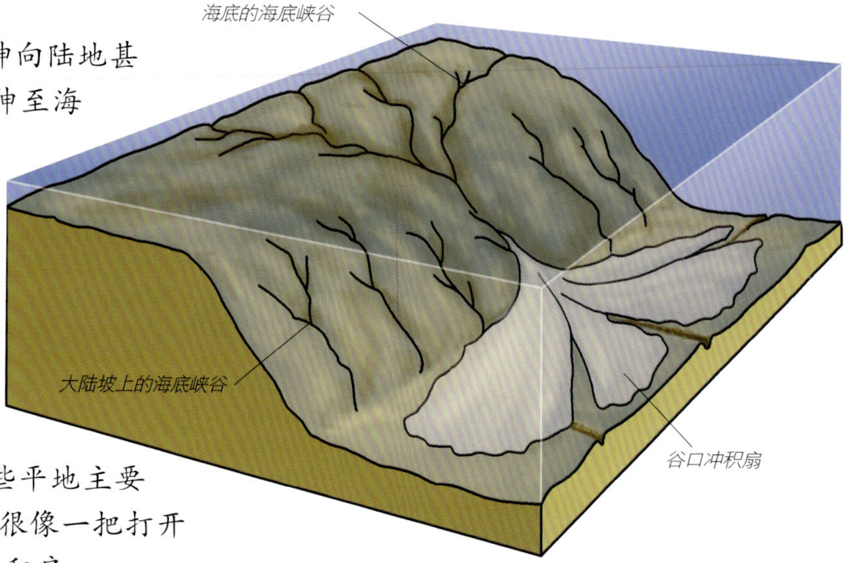

谷口冲积扇

海底峡谷的谷口处经常会有由沉积物堆积形成的大片平地。这些平地主要由水流冲击形成，看上去很像一把打开的扇子，所以也被称为冲积扇。

◀ 刚果海底峡谷是位于赤道非洲西侧的大型海底峡谷，总长约280千米，是刚果河切割大陆架形成的

被淹没的陆上河谷

很早以前由河流切割形成的陆上峡谷，由于地质变迁，陆地被上升的海水淹没，这些陆上河谷也就变成了海底峡谷。

谷底有什么

海底峡谷的谷底有的宽，有的窄，有的比较平坦，有的坑坑洼洼。大多数的峡谷谷底都会沉积厚厚的淤泥、细沙，有的还四处散落着砾石，看上去就像一片荒凉的沙漠。

海底火山

火山是地下滚烫的岩浆在受到压力后，从一些薄弱山头上喷涌而出形成的。陆地上有火山，海底也有火山，而且为数众多，大陆坡、大陆架、洋中脊和洋盆中都有火山。

海底的火山

海底火山由海底岩浆喷出物堆积而成，它们比陆地火山喷发更加频繁，但猛烈程度往往比陆地火山要小。

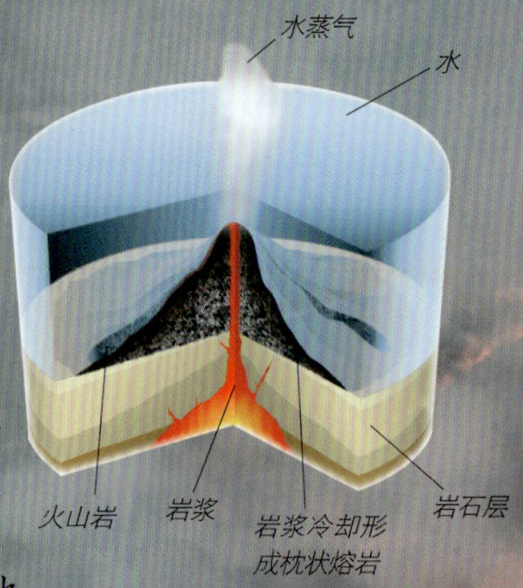

▶ 海底火山示意图

有微生物生存

海底火山口附近不仅温度非常高，水压也很高，但在这样严酷的环境下依然有不少微生物生。

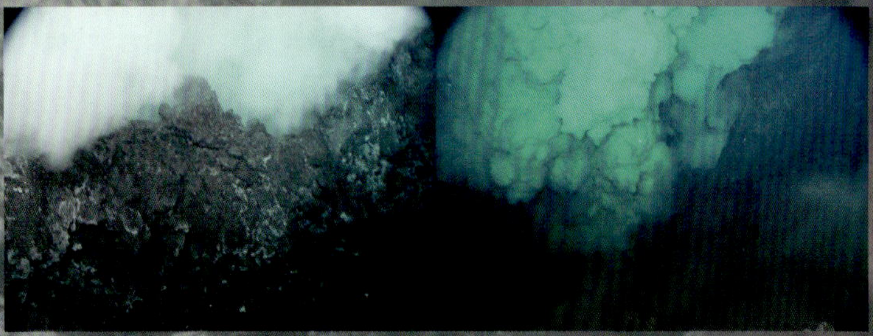
▲ 海底火山口

海底火山类型

边缘火山：位于大洋边缘的火山带，大多一连串地分布在岛弧处。这类火山的岩浆中有大量水分，蒸汽压力巨大，爆发威力惊人。

洋脊火山：顺着洋中脊走向成串出现的海底火山与火山岛，这类火山喷发的物质是洋底岩石形成的主要物质，全球一半多的火山岩由此形成。

洋盆火山：属于大洋板块内部火山，是散布于深海洋盆中的各种海底火山，由岩浆物质积累而成。

夏威夷群岛：太平洋中部的群岛，世界旅游胜地。

阿留申群岛：位于北太平洋与白令海之间，由300多个小岛组成。

大溪地岛：南太平洋群岛，又叫塔希提岛。

▲ 海底火山岛

露出海面成岛屿

海底火山爆发时，如果喷射的岩浆物质非常多，这些物质在火山口不断累积，不断长高，久而久之露出海面就可能形成岛屿。

▶ 著名的夏威夷群岛就是海底火山爆发形成的

◀ 海底火山喷发在海面产生水汽

海水灭不了的火山

水会灭火这是常识，但是海底里的火山却不能被海水熄灭。因为火山爆发时压力特别大，温度特别高，只要持续喷发，海水就无法将它熄灭。

海底热泉

陆地上有喷泉，在海洋底部也有能喷水的热泉，叫海底热泉。海底热泉喷出的不仅仅是水，还有很多其他物质。由于看起来就像不断冒烟的烟囱，也被称为“海底烟囱”。

哪里有海底热泉

洋中脊上分布着很多大裂谷，这些大裂谷也是海底热泉形成的温床。除了洋中脊，在大陆边缘、海底裂谷、海底火山喷发频繁的地方也会有海底热泉出现。

喷出的物质

海底热泉能喷出很多化学物质，其中大多数是硫化物。这些物质中除了含有大量的铜、锌、锰、钴、镍外，还有金、银、铂等贵金属。

各色的“烟囱”

在海底热泉集中的地方，经常热气腾腾、烟雾缭绕。由于不同热泉喷出的物质不同，烟雾也就有各种颜色，所以形成了“白烟囱”“黄烟囱”“黑烟囱”等各种“烟囱”。

▲ 白烟囱

▼“黑烟囱”周围堆积的矿物

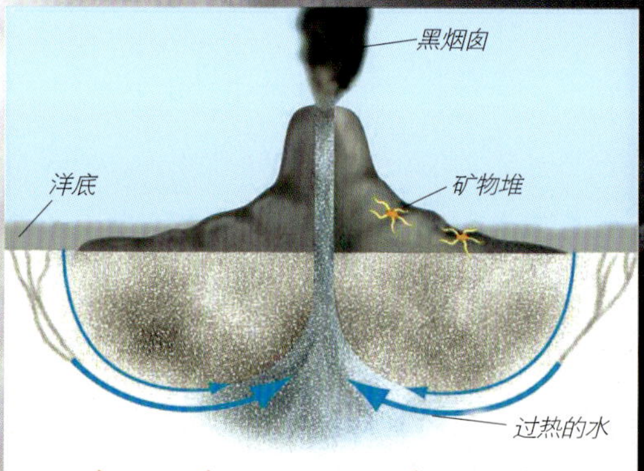

▲“黑烟囱”示意图

炽热的水温

由于海底热泉喷出的富含矿物的液体本身温度就很高，所以热泉周围海域的水温要比其他海域的水温高，而且越靠近泉口，温度会越高。

奇异的生物

尽管海底热泉附近水温很高，但这里依然生活着一群奇特的生物，如大得出奇的蟹、又大又肥的蛤，以及状如蒲公英花的不明生物。

庞贝蠕虫

在海底热泉附近生活着一种叫庞贝蠕虫的奇异生物。它们依附在内部水温上百摄氏度的“烟囱”外壁上，像珊瑚虫那样用自己的分泌物在“烟囱”上建一条细长的管道，藏身其中。

深海平原

深海中也有非常平坦的地貌，这就是深海平原。它们通常位于大洋盆地之上，是洋盆的重要地貌单元，表面常常有深海峡谷分布。如果问世界上最平坦的地方在哪里，深海平原排第一。

世界最平的地方

深海平原是海底的平坦区域，表面只有很小的起伏或微微倾斜。它是地壳表面最平坦的部分，甚至比陆地平原坡度还小。

▲ 海盆

位于深海中

深海平原为什么不叫海底平原？那是因为它们一般都位于3000~6000米深的洋盆上。这些大平原的底部是坚硬的海底岩石，上面覆盖着厚厚的沉积物。

▼ 深海平原

洋盆和海盆

洋盆是大陆边缘与洋中脊间的深洋底，是大洋中面积最大的地貌单元。

海盆是被海岭和海底高原分隔形成的独立的海底平地，位于洋盆上，是洋盆的重要组成部分。

四大洋中的平原

世界各大洋中都有深海平原分布，其中大西洋和印度洋中比较多。太平洋因为海沟数量多，沉积物很难越过海沟到达大洋盆地，所以深海平原比较少。

平原上的沉积物

深海平原上的沉积物主要为生物遗骸、黏土和火山物质，这些沉积物大部分由海流带来，是海底生物生存养料的重要来源。

恩德比深海平原：环绕南极洲大陆的四大深海平原之一。

哈特拉斯深海平原：位于美国南部与百慕大之间北美大陆架以东。

哥伦比亚深海平原：位于加勒比海中南部海底，是哥伦比亚海盆最深、最平坦部分。

奇异的海洋动物

在大洋深处的海底生活着各种各样奇异的海洋动物，有些动物乍一看就像陆地上的植物，不仅颜色亮丽，而且形状奇特。还有些动物披盔戴甲，威风十足，你认识它们吗？

海绵动物

海绵动物又叫多孔动物，俗称海绵。它们形态各异，有块状、管状、树枝状、伞状等各种类型，看上去和植物差不多。

▶ 海绵

软体动物

软体动物几乎都有柔软的身体和华丽的贝壳，根据贝壳的样子我们大致可以区分它们的种类。章鱼、乌贼也是软体动物，它们的贝壳，早已退化了。

▲ 章鱼

海绵工具

海绵动物死后的骨骼是洗澡用的好工具，它们的遗骨就像丝瓜络一样具有良好的吸水性，不会对皮肤构成伤害。

▲龙虾

节肢动物

节肢动物身体有明显的分节，而且披盔戴甲，比如虾、蟹、桨足虫。奇特的桨足虫身体有四十多节，虽然眼睛看不见，但却是背朝下游泳的高手。

▲螃蟹

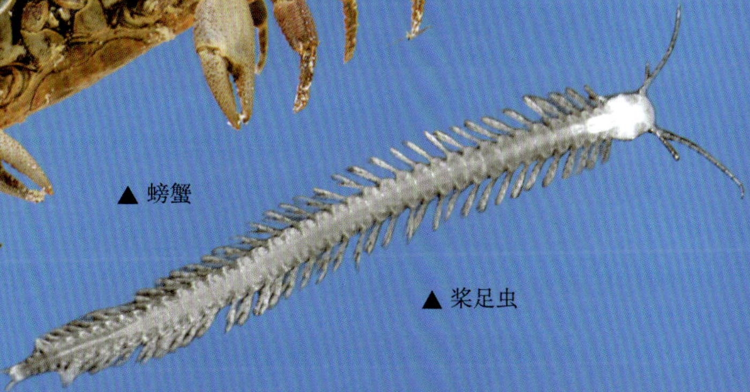

▲桨足虫

◀有“活化石”之称的节肢动物鲎（hòu）

海鞘

海鞘身体呈壶状或囊型，虽然看上去好像植物，但其实属于比章鱼等软体动物和虾、蟹等节肢动物还高等的脊索动物。

会变身的章鱼

拟态章鱼非常善于伪装自己，能任意改变自身的颜色和形状，模拟海洋环境和其他海洋生物，不到一秒钟它就能让自己与周围环境融为一体。

▶海鞘

海洋刺胞动物

珊瑚、水螅、水母和海葵有一个共同的名字，叫刺胞动物，这是因为它们身上长有布满了能喷射刺丝和毒液的小触手。千万别小看这些触手，它们可是刺胞动物捕猎的重要武器。

水螅再生

水螅具有很强的再生能力。它们的身体就算被切成了几段，每段也能很快长成新个体。更神奇的是，两段身体还能通过嫁接的方式再合成为一个新个体。

水螅

水螅管状的身体和触手一样能自如伸缩，伸长时肉眼可见，缩小时呈细小的球状。它们不会在水里游泳，但会翻着跟头往前移动。

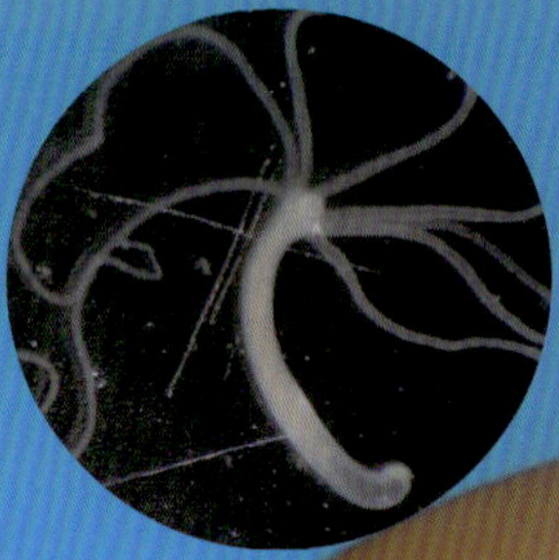

▲ 水螅

蛋黄水母

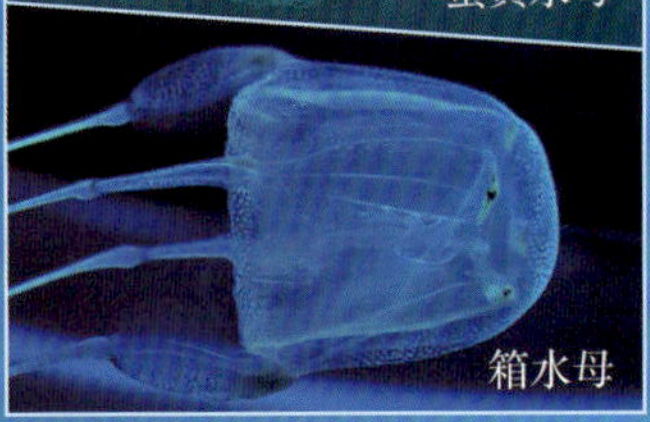

箱水母

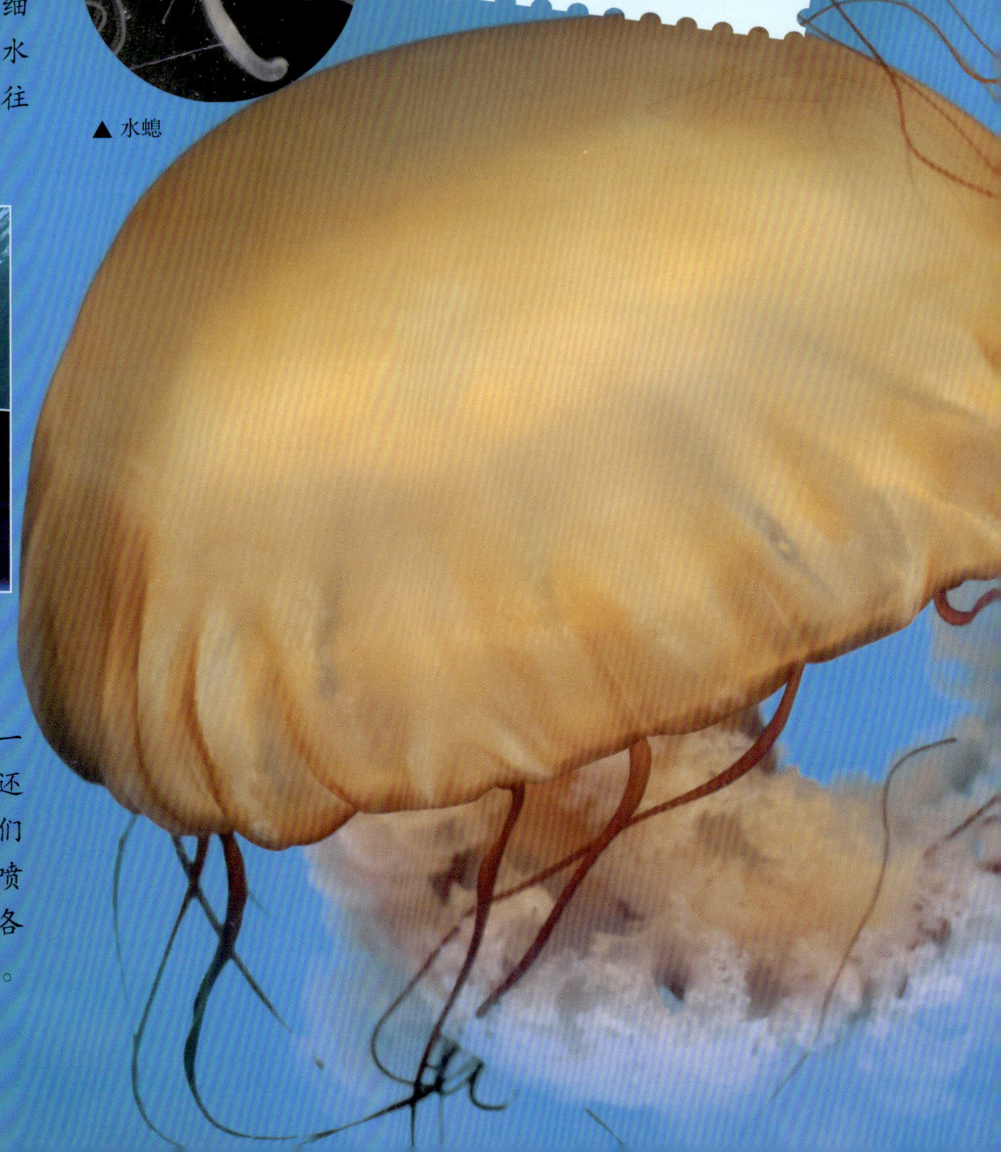

水母

水母的外形就像一把透明的伞，伞的边缘还长有须状的触手。它们在水里游动时，会通过喷水方式前行。水母有各种颜色，有的还会发光。

海底动物藏身处

海洋刺胞动物聚集的地方是小鱼、虾、蟹藏身、居住和游戏的场所。有的刺胞动物甚至直接寄居在虾、蟹的硬壳上，与它们共生。

▶ 珊瑚虫

刺胞动物

食性：大多为肉食性，少数能通过获得共生生物光合作用所产生的有机物为生。

外形：身体呈辐射对称，体表有刺胞。

主要种类：水螅虫、珊瑚虫、钵水母等。

生活方式：大多附着在岩石、水草或其他物体上。

海葵

海葵就像海底盛开的花朵，但其实它是一类“甜蜜的杀手”。如果有好奇的小鱼靠近海葵，它们会在伸出触手拥抱猎物的同时用毒素杀死它。

珊瑚

海洋中色彩瑰丽、形如树枝花朵的珊瑚由珊瑚虫的遗骨变成。珊瑚虫能分泌出一种叫石灰质的物质，这些物质日积月累，就形成了珊瑚。

海洋棘皮动物

棘皮动物身体表面布满硬棘，没有头，身体要么呈整体，要么长着腕。它们大部分不会移动，只能附着在海底，少数能移动，但是速度却慢得让人着急。

海百合

海百合长得很像大型蕨类，它们有着石灰质的壳和植物茎一样的柄，柄端是羽状的触手，也叫腕。海百合的腕少的有几条，多的有两百多条。

柄海百合：终生有柄，常常把柄固定在岩石上生活。

海洋齿：也叫羽星，成年体没有柄，能自如游动或暂时固定自己。

海百合的种类

海星

大多数海星就像萌萌的五角星，身体扁平，有五个腕。海星的腕下面密布着用来移动和爬行的管足，大的海星管足能有好几千个。海星特别喜欢吃贝类，有的一天能吃十几只贝类。在沿海养殖场，一旦有海星入侵，那些养殖的贝类就遭殃了。

◀ 海星

蛇尾

蛇尾和海星长得很像，只是腕又长又细，以腐肉和浮游生物为食。它主要靠腕的伸屈，以及腕上的硬棘与海底的摩擦来进行运动。由于腕很容易自切和再生，蛇尾又被称为“脆海星”。

蛇尾

海参

海参的身体像一个小圆筒，前端有口，口的周围有多个触手；后端的肛门除了呼吸、排泄，危急时刻还能排出内部器官，迷惑敌人。

▲ 海参

海胆

海胆没有腕，球形的海胆就像一个没剥壳的板栗。除了球形，它们还有盘状或心形的样子。海胆天生胆小，一看到敌人就会逃跑。

▼ 海胆

海洋里的鱼

无论赤道附近还是两极地区，也无论海岸还是大洋深处，都有鱼类的踪迹。海洋里的鱼类不仅数量多，种类也多。这些大大小小、奇形怪状的鱼类，构成了奇异的海洋鱼类世界。

▲ 盲鳗

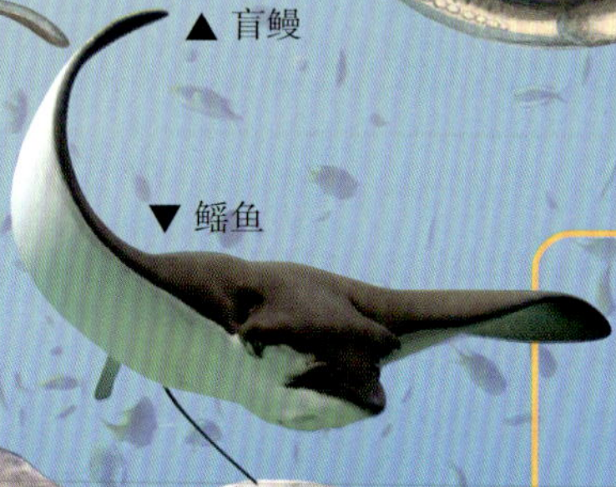

▼ 鳐鱼

盲鳗

盲鳗细长如蛇，身体没有鳞片。吃大鱼时，盲鳗会由鱼鳃钻入鱼肚子里，把鱼的内脏掏空后，再咬穿鱼的身体，破洞而出。

海洋鱼种类

圆口类：盲鳗、七鳃鳗。

软骨鱼类：鲨鱼、鳐、魟、银鲛。

硬骨鱼类：圆口鱼和软骨鱼外的其他海洋鱼类。

▲ 七鳃鳗

翻车鱼

翻车鱼不善游泳，经常有其他海洋鱼类、海兽把它当作猎物。但因为有着强大的繁殖能力，所以翻车鱼至今“鱼丁兴旺”。

魔鬼鱼

魔鬼鱼学名叫蝠鲼(fèn)，它们身体宽大似菱形，背鳍张开如双翼，还有一对头鳍和一条鞭子似的细长尾巴。这诡异的外形确实有些吓人，但其实它们很少主动攻击人。

▶ 繁殖期间，蝠鲼（fèn）经常会用双鳍拍打水面，一跃而起

鲨鱼

鲨鱼外号“海中狼”，是海洋里的顶级猎手，能顺着血腥气找到几千米外的猎物。因为没有鱼鳔，无法控制浮沉，所以鲨鱼得不停游泳才不会沉下去。

海马

不少动物宝宝都是由妈妈孵育的，出生后也由妈妈来照顾。但海马不一样，海马的卵是在海马爸爸的“育儿袋”里孵育成海马宝宝的。

▶ 海马

▼ 鲨鱼

海洋爬行动物

你以为爬行动物都是在陆地上爬行的吗？海洋里也一样有爬行动物，它们用肺呼吸，不能像鱼类那样一直待在水里。海洋爬行类不一定会在水里爬，但一定会游泳。

海龟

海龟的四肢不像陆龟有趾爪，而是像船桨一样，能划水，头、颈和四肢也无法缩入甲壳内。虽然海龟爬得慢，但在水里的游泳速度可不慢。

▶ 海龟

海龟产卵

海龟在海滩上产卵。海龟妈妈把卵产在沙坑里后，就游到海里去了。等到小海龟破壳而出，它们会自己穿过海滩，进入大海。要是在海里产卵，小海龟会因为温度太低、缺氧而难以孵化。

海蛇

全世界的海蛇几乎都有毒，有的毒性甚至超过眼镜蛇。虽然海蛇身怀剧毒，但它们的天敌海鹰却毫不在乎，有些鲨鱼也把海蛇当食物。

▲ 海蛇

棱皮龟

海洋里的龟类爬行动物除了海龟，还有另一类龟，叫棱皮龟。棱皮龟身形比海龟大，虽然很多习性和海龟相近，也都属于龟类，但并不是海龟。

▶ 棱皮龟

湾鳄

湾鳄又叫咸水鳄，是世界上现存最大的爬行动物，也是鳄类中唯一颈背部没有大鳞片的种类。它生活在沿海地带，力大如牛、咬力惊人，能一口咬碎海龟的硬壳和野牛的骨头。

▼ 湾鳄

海洋哺乳动物

海洋中的哺乳动物和陆地上的哺乳动物有着共同的祖先，只是进入海洋后才形成了今天的模样。它们和我们熟悉的猫、狗一样，具有胎生、用肺呼吸、母乳哺育后代，以及是恒温动物的特性。

◀ 虎鲸

别名海兽

海洋哺乳动物体型都比较大，所以也被称为海兽。包括鲸类，海牛、海豹、海狮等，其中最有名的莫过于鲸类。

鲸和海豚

齿鲸：有牙齿，具回声定位能力，以乌贼、鱿鱼、鱼类等为食。

须鲸：无牙齿，有梳状须，以浮游生物、磷虾、小鱼等为食。

海豚：齿鲸中的一大类，有区别于其他鲸类的独特泳姿，如虎鲸、白鳍豚、瓶鼻海豚等。

▶ 座头鲸

鲸

鲸类大多有通过回声定位来捕猎或与同伴交流的本领，座头鲸还会用歌声招呼伙伴。鲸的背上有气孔，在水面换气时会从气孔里喷出漂亮的水柱。

▶ 蓝鲸的嘴巴没有牙齿，只有梳状须

▲ 海牛

海牛

儒艮、海牛统称为海牛，它们长相相似，都是体胖脖子粗，前肢变成桨状的鳍，没有后肢。它们的不同主要在于尾巴。海牛的尾部扁平而略呈圆形，外形好像一片船桨；儒艮的尾部与鲸类相似，中央有分岔。根据尾巴的形状，我们就能大致区分出海牛和儒艮。

▼ 海狮表演顶球

海豹、海象和海狮

海豹、海象和海狮都长得圆头圆脑，有鳍状的前肢，后肢与尾巴连为一体。这些海兽在陆地上只能匍匐在地缓慢移动，但到了水里它们个个都是游泳高手。

▶ 海象的长牙可以用来寻找食物、对抗敌人

辨别关键

海狮：拥有外耳壳，后肢灵活、能向前屈曲，能在陆地上走动，包括海狮、海狗。

海象：有一对又长又尖的长牙。

海豹：没有外耳壳，后肢不能向前弯曲，包括象海豹、斑海豹等。

海洋植物

海洋中有植物吗？当然有。而且这些植物有时还能在海洋中形成茂密的森林，比如海藻林。除了海藻植物，海洋中还有大片的水草，在很多海域沿岸地带还生长着大量的红树植物。

像叶片的海藻

海藻是一类结构非常简单的低等植物，大多数都没有真正的根、茎、叶，不开花、不结果，孢子繁殖，只有海带、马尾藻等少数藻类有名不副实的根、茎、叶。

▲ 马尾藻

海藻的价值

海藻有着非常高的经济价值，比如海带、紫菜等就是很好的食品。除了食用，海藻还是提炼碘、溴、氯化钾等工业原料和医药原料的重要来源。

▶ 海带

海藻的作用

海藻种类繁多，有蓝藻、硅藻、褐藻、红藻等大类，它们不但是海洋中有机物的主要生产者，而且在光合作用中释放出大量氧气，以满足海洋中的动植物正常生命活动的需求。

水草

水草是生长在近海浅水中的植物，它们大小不一，有的很小，有的有几十米甚至几百米长。水草是很多海洋动物的食物，有些动物还爱在水草丛中栖息。

▲ 海牛吃水草

红树林

一些热带沿海海域经常会有由红树、秋茄树、海莲等红树植物形成的红树林。红树林不仅是一些浅海动物的栖息地，也是沿海地区的防风墙。

▶ 海边的红树

赤潮和水华

浮游藻类在一定的环境条件下，大量繁殖而使海水呈现出一定颜色，这就是赤潮。淡水水域发生的这种现象被称为水华。

▶ 赤潮

海雾和海冰

海雾是海洋上的大雾天气。海上的大雾比陆地上更浓、更重，持续时间也很长。海冰是海水冻结而成的咸水冰，通常能随洋流四处漂移。海雾和海冰往往给海上航行的船只带来很大威胁。

持续的大雾

陆地上的大雾在太阳出来后就会慢慢散去，很少有持续不散的大雾。但海雾就不同了，海上有时连续许多天，甚至一两个月大雾弥漫。

登陆海岸

海雾能随海风飘移，甚至飘向大陆。在进入沿海地区后，雾气如果不能及时消散，后来的海雾源源不断补充，就会出现持续的大雾天气。

海冰的类型

靠近海岸或岛屿，与海岸、岛屿等陆地冻结在一起的海冰叫固定冰。那些没跟陆地冻在一起，能随海风、海流漂移的冰叫流动冰。

海雾的危害

每年冬春交替，气候逐渐变暖的时候，正是海雾到来之时。海雾不仅会给海上的航运、渔业和石油开采带来不便甚至隐患，一旦深入陆地，海雾中的盐分还会对建筑物造成侵蚀。

海冰

当海水温度比大气温度低，水中有较多的悬浮物杂质时，海水就可能凝结成海冰。这类海冰是咸水冰，很多时候我们把从陆地水源上漂到海里的淡水冰也称为海冰。

海冰从哪儿来

在北半球，海冰主要来自北冰洋。冬季时，北冰洋附近的格陵兰岛和纽芬兰岛附近经常出现巨大的冰山；而南半球的浮冰主要出现在环绕南极的边缘海和威德尔海周围。

变化的海冰

天气暖和时，海冰会消融、减少，反之亦然，所以海冰的出现具有明显的季节性。在北半球，3~4 月海冰最多，8~9 月最少；在南半球，9 月份海冰最多，3 月份最少。

▶ 北极的冰山和北极熊

海上风暴

海洋由水构成，水能在海上掀起滔天巨浪。再加上全球海洋面积广阔，海上大气变化急骤复杂，往往会形成难以捉摸的大风天气。大风和巨浪联起手来，造成了肆虐的海上风暴。

海上的风

风是空气流动形成的。微风时，海上风平浪静。一旦大风来临，海上就会形成巨浪，有时还会形成狂风、暴风、台风甚至超强台风天气。

▶ 平静的海面

可怕的海啸

海啸是一种具有强大破坏力的海浪，强风、地震或海底火山爆发都能引发海啸，巨大的海啸会给人类和其他生命带来重大的灾难，是可怕的自然灾害。

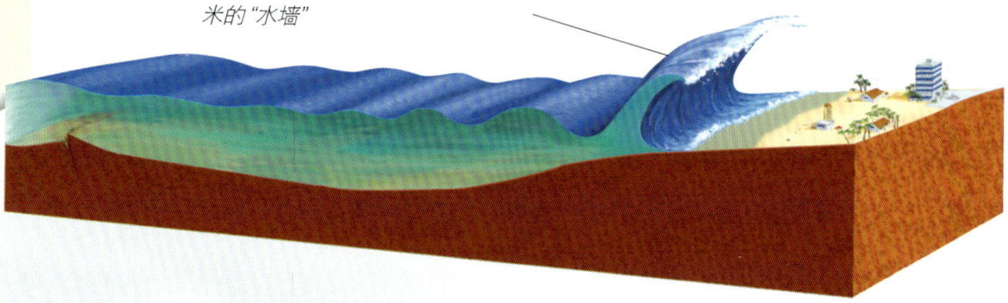

海啸时掀起的惊涛骇浪，可形成高度达几十米的“水墙”

▼ 海浪

海浪

海浪指海洋中由风产生的波浪。风力的大小影响着海浪的威力，强风时海上会有大浪，暴风、台风会引发风暴潮，超强台风则可能带来海啸。

风暴潮

风暴潮是一种灾害性自然现象，是大气急剧变化，进而导致海水异常升降的现象。风暴潮威力一般都比较大，往往会造成巨大的人员和财产损失。

海上台风与大潮联合作用形成风暴潮

风暴潮等级划分

等级：特大潮灾、严重潮灾、较大潮灾、轻度潮灾。

预警级别（与上面对应）：红色、橙色、黄色、蓝色。

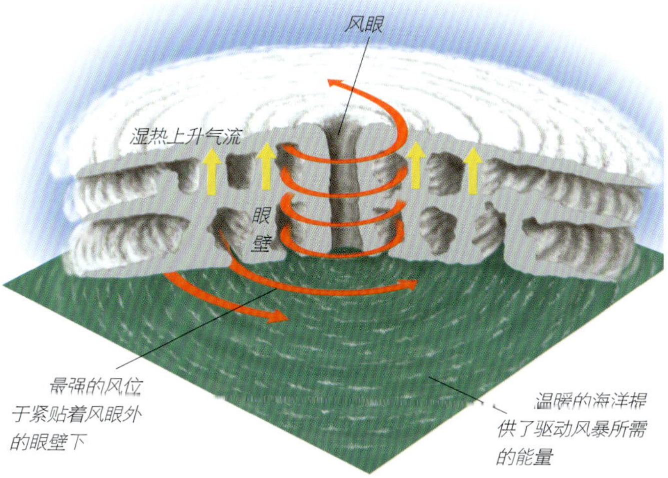

飓风

飓风也叫台风，是发生在热带海洋的巨大风暴，它能在海洋上掀起十多米高的巨浪。飓风来临时往往伴随着电闪雷鸣，在给陆地带来巨大的降水量后，它会减弱为热带风暴。

飓风眼

飓风眼位于飓风的中心位置。那里风力比较小，降雨很少甚至没有，有时还能看到蓝天白云，但是顶端的温度是飓风圈中最高的。

▼ 被台风摧毁的建筑

保护海洋

海洋是大自然赐给人类的礼物，丰富的生物和矿产资源使它成为一个“聚宝盆”。可是由于环境污染，海洋正逐渐变为一个人类垃圾回收站，长此以往，我们可能会失去珍贵的海洋。

▲ 污水必须经过净化才能流入海洋

污水污染

生活污水中含有大量有机物和营养盐，会引起海水中某些浮游生物急剧繁殖，从而大量消耗海水中的溶解氧，导致鱼类、贝类等生物大量死亡。

漏油危害

石油泄漏到海洋中，会严重污染海鸟的栖息地，使它们的生存受到影响。不仅如此，生活在漏油区海域的海洋动物有的会因此而大规模死亡。

▶ 石油污染

垃圾成灾

人类生活、生产带来的各种垃圾正在严重破坏海洋环境。这些垃圾沉积在海底，不仅污染了海水，也给海洋生物带来巨大威胁。

▶ 海洋垃圾

保护迫在眉睫

海洋为我们提供了不尽的生物和矿产资源，也深刻影响着全球气候、生态环境和水资源。保护海洋环境是全世界的共同责任，也需要我们每个人的努力。

▼ 海洋生态保护区

世界海洋日

从2009年起，每年的6月8日被定为“世界海洋日”。不仅如此，很多国家和地区也有自己的海洋日。人们设立海洋日的目的就是号召更多的人关注海洋问题，保护海洋环境。

设立保护区

近年来，一些沿海国家和地区相继建立起各种类型的海洋保护区，大致可分为海洋生态系统保护区、濒危珍稀物种保护区、自然历史遗迹保护区等。

图书在版编目（CIP）数据

我的第一套视觉百科. 到海底去旅行 / 张功学主编
. -- 西安：未来出版社，2017.12（2023.10 重印）
ISBN 978-7-5417-6346-5

Ⅰ. ①我… Ⅱ. ①张… Ⅲ. ①科学知识—少儿读物②海底—少儿读物 Ⅳ. ①Z228.1②P737.2-49

中国版本图书馆 CIP 数据核字（2017）第 317271 号

我的第一套视觉百科（精装）

WO DE DIYI TAO SHIJUE BAIKE

到海底去旅行

DAO HAIDI QU LVXING

主　　编　张功学
丛书统筹　魏广振
责任编辑　陈丹盈
美术编辑　许　歌
出版发行　未来出版社发行
地　　址　西安市雁塔区登高路 1388 号　邮编：710082
电　　话　029-89122853
开　　本　889 mm × 1194 mm　1/16
印　　张　3.5
字　　数　60 千
印　　刷　万卷书坊印刷（天津）有限公司
版　　次　2018 年 4 月第 1 版
印　　次　2023 年 10 月第 3 次印刷
书　　号　ISBN 978-7-5417-6346-5
定　　价　39.80 元

SCHOOL BUS

My First

我的第一套视觉百科

Encyclopedia